Eva und Moritz gehen heute ins Schwimmbad.

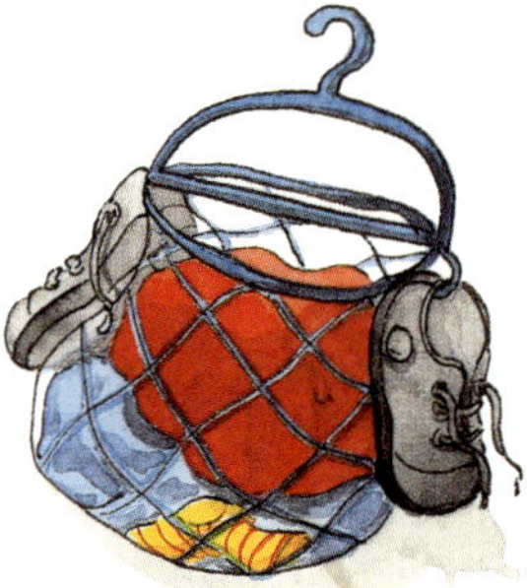

der Kleiderbügel

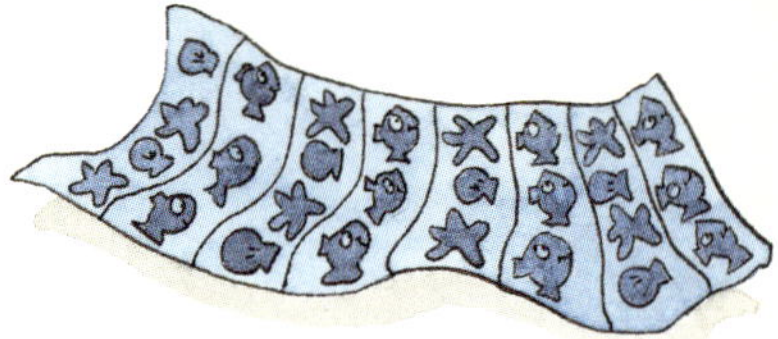

das Handtuch

der Schwimmreifen

das Schlüsselarmband

die Badeschuhe

die Badetasche

Unter der Dusche ist es schön warm.

das Quietscheentchen

die Treppe

der Eimer

der Wasserball

der Saft

Das Wasser im Planschbecken
reicht Moritz bis zu den Knien.

das Bilderbuch

die Äpfel

die Butterkekse

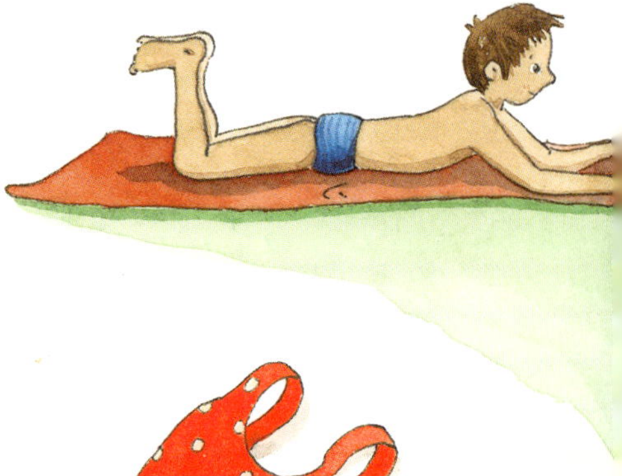

der Badeanzug

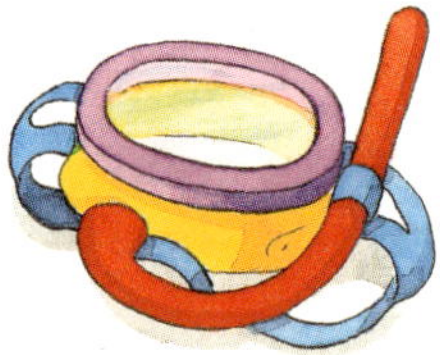

die Taucherbrille

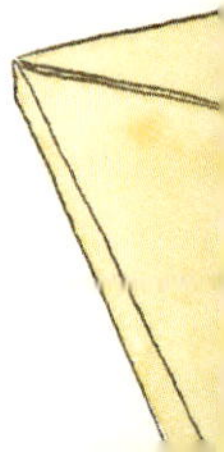

Auf der Liegewiese steht auch ein Sandkasten. Gut, dass Eva und Moritz ihre Schaufeln mitgebracht haben.

die Schwimmflügel

das Schwimmbrett

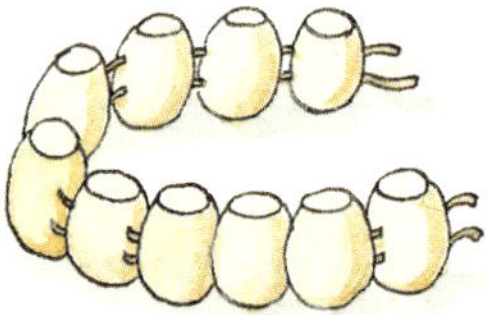

der Schwimmgürtel

das Seepferdchen-
Abzeichen

die Ringe

die Rettungsstange

Der Bademeister passt auf die Kinder auf, die Schwimmen lernen.

die Sonnenbrille

die Luftmatratze

die Badekappe

das Sprungbrett

der Kescher

Die großen Kinder warten, bis das Becken frei ist.
Dann springen sie ins Wasser.

das Springseil

die Sonnenmilch

das Federballspiel

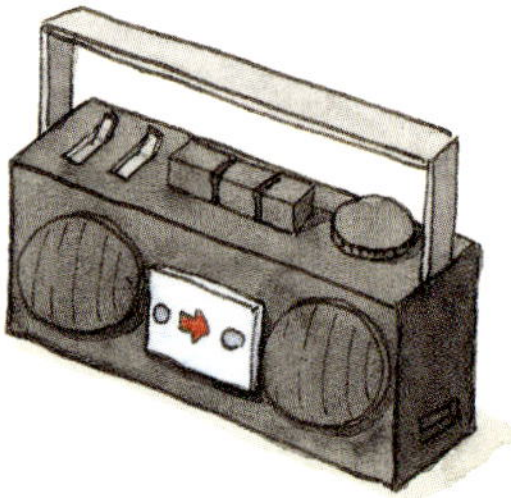

das Radio

der Ball